Made in the USA
Monee, IL
15 February 2023

27862277R00061